PROJET

D'AMÉLIORATION DES COMMUNICATIONS
ET D'EMBELLISSEMENTS
A ILLIERS.

PROJET
D'AMÉLIORATION DES COMMUNICATIONS
ET
D'EMBELLISSEMENTS
A ILLIERS;

MESURES POUR PRÉSERVER LES HABITATIONS
DES INCENDIES,
DES DÉGATS CAUSÉS PAR L'HUMIDITÉ
ET PAR LES CRUES DU LOIR.

Par A. FRESNAYE,
CONSEILLER MUNICIPAL, ANCIEN MAIRE D'ILLIERS.

(La) civilisation (est la) marche progressive des sociétés humaines vers l'instruction et le *bien-être.*   (AZAÏS.)

CHARTRES.
GARNIER, IMPRIMEUR-LIBRAIRE,
Place des Halles, 16 et 17.
—
1846.

PROJET

d'Amélioration des Communications & d'Embellissements

A ILLIERS;

MESURES POUR PRÉSERVER LES HABITATIONS DES INCENDIES, ET DES DÉGATS CAUSÉS PAR LES CRUES DU LOIR.

Le Maire d'Illiers a formé le projet de combler le fossé de la citadelle. Le Conseil municipal a approuvé la proposition. Une enquête *de commodo et incommodo* (c'est-à-dire sur l'avantage ou le désavantage du projet) a donné lieu à un grand nombre d'oppositions. Le Conseil municipal va être appelé à délibérer sur les moyens d'opposition.

Les récentes élections ont amené plusieurs nouveaux Conseillers. On parle de conditions imposées, d'engagements pris... Il est probable que la majorité du Conseil va être contraire au projet.

Qu'arrivera-t-il de tout cela ?

La proposition du Maire, les deux délibérations du Conseil, et le registre d'enquête seront adressés au Préfet, auquel il appartient de statuer.

Et le Préfet ordonnera le comblement du fossé,

1° Parce qu'en fait de salubrité, l'administration n'hésite pas ; qu'elle classe parmi les principales causes d'insalubrité, l'humidité des habitations et les exhalaisons de l'eau stagnante ;

2° Parce que, si les opposants sont nombreux, les moyens sont faibles ;

3° Parce que les oppositions coïncident avec les élections municipales, et que le Préfet verra dans toutes ces signatures une menée électorale ;

4° Parce que quelques fauteurs de l'opposition ont été trop loin ; qu'ils ont poussé au secrétariat un troupeau trop nombreux de signataires... et le ridicule est arrivé. Car, que veulent dire tous ces gens dont le vote est ainsi conçu : « *Je vote pour l'incomodot.* » Veulent-ils dire : Je vote pour ce qui est désavantageux, incommode ?

Et parmi ceux qui ont voté en français, combien ont péché contre la logique et la raison. Je ne parle ni de la syntaxe, ni de la calligraphie.

Et ce brave homme de Mesliers, qui veut que, si l'incendie atteint sa grange, on prenne de l'eau au fossé de la citadelle. Celle de la rivière, au gouffre de Mirougrain, serait de cent mètres moins éloignée ; mais probablement elle est moins efficace que celle du fossé !

Et ces habitants de la rue de Beauce, qui demandent la conservation du fossé de la citadelle, parce qu'il sert à abreuver les bestiaux. Qu'ils disent comment le bétail ferait pour arriver à l'eau.

Et ces dames venant manifester leur désapprobation, et signant : Bon pour mon mari ! Certes, le Préfet voudra savoir si, quand les maris sont de garde, les femmes endossent l'uniforme et répondent à l'appel : « Présent ! Bon pour mon mari ! »

J'en passe, et des meilleurs.

Le Préfet approuvera donc le projet ; mais, pendant quinze jours, la malencontreuse enquête aura circulé de bureau en bureau, on l'aura fait voir à tout venant...., et les quolibets de pleuvoir...

Ce n'est pas seulement dans les bureaux qu'on nous plaisantera, mais dans les marchés, dans les foires, partout et pour longtemps. Voyez si on en a fini avec les gens de Brou pour leur vote relatif à la suppression de la route.

Tout cela est regrettable.

Je ne voudrais pas que nous fussions tournés en ridicule (1) et

---

(1) Voici ce qu'un plaisant me disait, il y a quelques jours :

« On a placé dans la galerie départementale un tableau représentant le » Conseil municipal de Brou votant la suppression de la route de Saint-Calais » et le rétablissement des trous et ornières de l'ancien chemin, *attendu que* » *la route fait renchérir la volaille.* — Vous allez, Messieurs d'Illiers, four- » nir le sujet d'un tableau qui formera le pendant : on verra les notables » habitants et habitantes d'Illiers votant la conservation du fossé de la » citadelle, *attendu que les grenouilles ont une voix agréable.* »

J'étais vexé : bien des personnes étaient là, s'apprêtant à ajouter chacune son mot. Heureusement, ma mémoire me fournit une réponse, l'histoire de l'incendie du clocher de Brou, et je la contai : les rieurs furent de mon côté.

plaisantés de toutes les manières au sujet de cette misérable affaire; je ne voudrais pas qu'une question qui divise les voisins, qui brouille les amis, fût résolue par l'autorité absolue que la loi donne au Préfet.

Je ne voudrais pas qu'on passât sans égard sur la crainte manifestée par beaucoup d'habitants, crainte à mon avis sans fondement : celle de manquer d'eau en cas d'incendie. La peur est un mal difficile à guérir; et il est toujours désirable de rassurer les populations, même à l'égard de craintes chimériques.

Je ne voudrais pas que M. Aubry, M. Guillaumin, la demoiselle Paragot, M. Georges et M. Moulin, à qui le fossé procure quelques avantages pour l'arrosage, en fussent privés.

Enfin, je voudrais concilier l'intérêt général avec tels intérêts privés.

Cela est-il possible ? Je le crois.

Le comblement du fossé, d'après le projet actuel, jusqu'au niveau des promenades, ne pourra se faire qu'en beaucoup d'années, demandera beaucoup de terre, au lieu que l'abaissement du sol des promenades au niveau des jardins ne donnerait qu'un mouvement de terre facile.

En fait d'améliorations, il n'est pas sage d'aller suivant l'idée

---

Ici, au lieu de conter l'histoire, je copie les pièces :

« Incendie de Brou. — Châteaudun, le 9 septembre 1813. — Le Sous-
» Préfet de Châteaudun à Monsieur le Sous-Préfet de l'arrondissement de
» Chartres, auditeur au Conseil d'Etat — Monsieur et cher collègue, —
» Un incendie a éclaté à Brou le 1er de ce mois. Au premier avis les pompiers d'Illiers se sont rendus dans cette commune et ont concouru à arracher Brou aux plus grands dangers. (17 *janvier* 1808, *nomination des*
» *Pompiers d'Illiers*, 5 *maîtres charpentiers et* 13 *maîtres maçons.*) J'ai été
» témoin de leurs efforts et de leur zèle, et il m'est doublement agréable,
» en rendant hommage à leur courage et à leur dévouement, d'avoir à leur
» offrir un gage de la reconnaissance de mes administrés dans le rapport
» qui m'a été adressé sur l'incendie par la Municipalité de Brou. Je vous en
» remets ci-joint une copie que je vous prie de leur transmettre. — L'administration supérieure m'a aussi chargé d'exprimer à ces braves pompiers
» sa satisfaction de leur généreuse conduite.... Agréez, etc. Signé MARCEAU. »

Et voilà la moralité de mon histoire. Quand les gens d'Illiers ont été appelés courageux et secourables par le frère du général Marceau, on doit leur passer quelque chose ; par exemple, de tenir à l'idée saugrenue de barrières et de fossés gênant la circulation.

qui préoccupe au moment, tantôt vers un but, tantôt vers un autre; mieux vaut un plan d'ensemble, large, embrassant tout, fait avec maturité et réflexion et dont les différentes portions seront exécutées successivement, par ordre de priorité, suivant leur importance et leur urgence.

Examinons donc quelles choses nous manquent; le nombre en est grand.

Dans cette affaire, je ne suis qu'un rapporteur. Je raconte les besoins ressentis, les désirs exprimés par l'un et par l'autre; je suis comme le moniteur de l'école mutuelle, qui rassemble les cahiers des écoliers.

Incendies.

Tous les jours on parle d'un nouvel incendie : on sonne le tocsin de tous côtés. Il est permis au plus brave d'appréhender. Quant à moi, lorsque j'ai fermé mes portes, éteint mon feu, soufflé ma chandelle, si mon voisin est moins soigneux que moi, si son imprudence occasionne un incendie à sa maison, je me demande comment cet incendie sera arrêté, comment ma propriété sera sauve-gardée.

Nous avons ici deux pompes de première force, une troisième qui peut encore rendre quelques services; des pompiers zélés, exercés et expérimentés : mais, si l'incendie est au centre de la ville, l'eau se trouve à une distance de 250 mètres. Pour combattre efficacement le feu, il faut au moins deux pompes : l'une repousse l'incendie sur lui-même, concentre le foyer; l'autre garantit les bâtiments voisins. Pour chaque pompe, il faut deux lignes de personnes placées à une distance de un mètre vingt-cinq centimètres l'une de l'autre : *c'est la chaîne*. Dans l'une des lignes, on porte les seaux pleins vers la pompe; dans l'autre, on reporte les seaux vides au lieu du puisage. Pour composer les deux chaînes alimentant les deux pompes, il faudra donc 800 personnes. Et ce nombre est difficile à rassembler, à mettre, à contenir en place dans le tumulte qu'occasionne un incendie à son début. L'eau ne se trouve donc pas à une proximité suffisante dans quelques parties de la ville.

D'autres parties ont de l'eau, mais cette eau manque presque toujours à l'époque où les incendies sont les plus fréquents, à la fin de l'été. C'est l'eau des fossés. En 1814, lors de l'incendie des granges de M. Proust, on a bien pu puiser de l'eau au fossé de la rue de Chartres; mais c'était au mois de mars. Au contraire, au mois de septembre 1808, lors de l'incendie des granges de Mme Tasset, on a puisé l'eau non au fossé, mais à la rivière.

La mince couche d'eau qui couvre dans ce moment la vase, ne pourrait être puisée pure : la précipitation indispensable dans un tel moment amènerait dans les seaux plus de vase que d'eau ; en peu de temps, le jeu des clapets serait arrêté, les trous de la tête d'entonnoir seraient bouchés ; malgré les tamis placés sur la bâche, l'aspiration ne pourrait avoir lieu et les pompes seraient mises hors de service.

Nous avons donc deux parties de la ville qui ne sont pas sauvegardées pour le cas d'incendie : l'une, parce que l'eau est trop éloignée, l'autre, parce que l'eau manque dans certains temps. Dans ces deux parties se trouvent l'église, la mairie, le presbytère, la maison d'école.... Ma première proposition, celle que je regarde comme la plus urgente, qui doit avoir la priorité, sera de donner à la population une garantie, un moyen de sécurité. Il y aura dans ces quartiers de l'eau claire en quantité suffisante pour tous les cas d'incendie. Cette eau sera en outre disponible pour les besoins des ménages.

Communications.

A Illiers, les rues (voir le plan ci-joint) sont disposées de manière qu'elles représentent un moyeu ayant ses rais, moins un. Le rais qui manque serait celui qui, par un détour, partant de la place, irait joindre le chemin vicinal de Mézières et Bullou, au lieu dit la Cochardière, en traversant les jardins du château (1).

Cette disposition est bonne pour les cas où on part du centre de la ville; mais si l'on veut, du Lion-d'Or, de la Maladrerie, de St.-Hilaire, gagner le haut des rues de Beauce, ou la route de Char-

---

(1) Un projet a été proposé, il y a dix ans, au Conseil municipal. Il serait ouvert une nouvelle voie qui, traversant les cours, jardins et prés du château, irait gagner la Cochardière, au gué du Filoir, avec une planche pour les gens de pied. — Ce projet a été ajourné, parce que le propriétaire a annoncé l'intention de vendre en détail les dépendances du château, à l'expiration du bail du sieur Dufour, en décembre 1846.

tres, si on veut de la rue de Chartres aller dans la rue de Beauce, que ce soit pour transporter des engrais ou des récoltes, ou bien pour voyager, toujours il faut passer dans le carrefour que forme un coude de la route de Chartres, vis-à-vis le magasin du sieur Dassier-Lhommet. C'est là le rendez-vous général de toutes les voitures, charrettes, troupeaux de moutons et de bœufs; c'est là le moyeu où viennent s'emmancher tous les rais de la roue. C'est une mauvaise disposition quand un point d'une route, déjà si fréquentée, sert de jonction à tant de communications.

Je proposerai un remède à cet état de choses: Des communications faciles sont un des besoins de l'époque actuelle. A Chartres, on entrait à pied par la porte de Saint-Jean, au moyen d'un escalier difficile; et le quartier de Beauvais, où se trouvent de grandes et belles maisons, n'était qu'une impasse peu recherchée. Maintenant, les marches sont supprimées; une route est faite avec une pente douce, que les voitures, même les diligences, montent au trot. Pour cela, il n'a fallu que supprimer une rangée d'arbres de la promenade des Charbonniers. Les riverains, au lieu d'avoir la vue attristée, l'air intercepté par des murs de fortification bien inutiles, non réparés et en ruines, ont des jardins en terrasses, plantés de fleurs, d'arbustes.

Habitations.

Autrefois, le contrôleur des contributions demeurait à Illiers. La loi qui règle la direction des impôts directs, avait placé à Illiers le chef-lieu du troisième arrondissement, formé de trois cantons: Illiers, Brou, Bonneval. Les habitants de la commune trouvaient en tout temps le fonctionnaire auquel ils doivent s'adresser dans les cas de mutations, de réclamations, etc. Il y a vingt ans, le contrôleur des contributions se fit autoriser à résider à Chartres, *parce qu'il ne trouvait pas à se loger à Illiers*. Depuis, l'administration municipale a souvent et vainement réclamé contre cette infraction à la loi. On a toujours répondu: « Il est impossible de se loger à Illiers. »

Les autres fonctionnaires et agents de l'administration, pour lesquels la résidence à Illiers est indispensable, n'y trouvent des maisons qu'avec beaucoup de difficulté; et il a fallu une circonstance extraordinaire, le départ sans trop de motifs, d'un habitant d'Illiers, pour fournir au receveur actuel de l'enregistrement une maison un peu commode.

Si une famille aisée, soit par des relations d'amitié ou de famille, soit par les agréments que présente la belle vallée du Loir et nos environs, désire se fixer à Illiers, elle ne le peut.... pas de maisons.

La mesure adoptée depuis quelque temps par l'administration, d'augmenter la largeur de la route départementale n° 6, dans la traverse d'Illiers, et de porter cette largeur de dix-huit à vingt-quatre pieds, rendra presque impossible la réparation des maisons qui n'ont pas de profondeur. Le propriétaire vendra son reste de terrain au voisin, et ira demeurer ailleurs.

Si un habitant d'Illiers quitte les affaires, le commerce, il quitte Illiers, car, où se logerait-il? Par exception, M. Viron et moi, sommes restés à Illiers. Comptez, depuis trente ans, combien se sont en allés!

La contribution mobilière est divisée entre les habitants par les commissaires répartiteurs. Chaque année, on fait les mutations : on ajoute les nouveaux habitants; on supprime les noms de ceux qui ont été demeurer ailleurs, ou qui sont décédés sans laisser d'héritiers domiciliés à Illiers. La cote des manquants est répartie sur les restants. M. Aubry, M. Mercier et autres sont allés demeurer ailleurs; M. Manceau, M. Georges, Mlle Massot, sont décédés sans laisser d'héritiers domiciliés à Illiers...; de nouveaux habitants, j'en conviens, sont survenus; mais ils ont quitté Friaize, Frétigny ou Frazé dans l'espoir de trouver ici plus de moyens d'existence : charité ou travail. Ils sont plus souvent à la charge du bureau de bienfaisance, que capables d'être portés au rôle mobilier. Dans cet état, qu'ont pu faire les commissaires répartiteurs? Ils ont chargé les anciennes cotes, ils ne pouvaient faire autrement; il faut trouver à payer les 7,455 francs 43 cent. montant de l'impôt mobilier.

Et vous vous plaignez de l'accroissement de l'impôt : vous n'êtes pas au bout, si vous ne trouvez pas le moyen de faire cesser la cause qui fait fuir la population aisée. Car si une veuve chargée d'enfants, si une famille indigente veut venir s'établir à Illiers, un logement se trouvera facilement. Dans la rue de Maladrerie, au Bourg-neuf, à la rue Creuse, il y a toujours un fournil ou un bouge de douze pieds carrés, où la famille s'entassera (1). Au contraire, des habitations convenables pour les familles aisées, il n'y a pas moyen d'en construire : on ne trouve pas de plaçages. MM. Chevalier, Aubry et moi avons bâti sur des emplacements insuffisants.

Mes chers concitoyens! restez dans le *statu quo*, laissez couler l'eau, et voici ce qui adviendra, c'est moi qui vous le prédis : les habitants aisés s'éloigneront, des habitants pauvretaux les remplaceront. La population ne diminuera pas, elle augmentera même, et bientôt le maire d'Illiers reprendra l'épée et l'habit brodé. Grand bien lui fasse? Mais ceux qui, à cause de leur profession ou pour leurs affaires, sont obligés de résider à Illiers ; les niais qui, comme moi, y restent par l'affection du clocher, nous verrons, chaque année, nos impôts augmenter. Ce n'est pas tout, le boulanger, l'épicier, le boucher, tous les fournisseurs et ouvriers auront perdu tous de bonnes pratiques, et en auront gagné de mauvaises.

Un plan d'amélioration d'Illiers serait imparfait si on n'y trouvait pas les moyens de construire des maisons convenables pour toutes les conditions ; si l'augmentation de travail qui en sera la suite ne détournait pas les ouvriers laborieux de la manie de construire des niches à pauvres.

Auberges.

Les auberges d'Illiers ont été construites à l'époque où on mettait pour enseigne :

A LA BELLE ÉTOILE LOISEAU LOGE A PIED ET A CHEVAL.

Ou bien :

AU LIT ON DORT SANS CHAGRIN LOGE A PIED ET A CHEVAL

Trois de nos auberges sont principalement appelées par leur position à profiter de l'augmentation de la circulation que procurent nos routes. Mais la Ville-de-Chartres et Saint-Jean n'ont ni cours ni remises. L'Image, malgré les dépenses faites par le pro-

---

(1) Une ambition louable en elle-même, mais qui a un résultat funeste, porte les ouvriers laborieux d'Illiers, d'abord à se bâtir une maison, ensuite à faire un appentis pour avoir un locataire et une rente de dix écus.

priétaire, a encore un local trop restreint, car on ne voyage plus qu'en voiture.

Qu'arrivera-t-il ?

Nos routes seront bientôt terminées ; nous devons espérer des classements sur Bonneval et La Loupe. Le chemin de fer, quoique éloigné, augmentera sur les routes de Brou et de Nogent les transports et les déplacements. Il y aura plus de circulation, plus de voitures, et la tolérance accordée jusqu'à ce jour, de laisser stationner les voitures sur la route, sera retirée.

Aubergistes ! vous serez alors terriblement embarrassés.

Vous serez réduits à ces deux alternatives : ou bien de cesser de tenir auberge, et de transformer vos maisons en cafés, comme *Saint-Martin*, à Illiers ; en atelier de construction ou maison de commerce, comme *la Herse* et *le Croissant*, à Chartres ;

Ou bien à vous agrandir par l'acquisition de maisons voisines. Les marchands de nouveautés vous ont donné l'exemple : M. Renard-Fauveau a mis deux maisons dans son magasin ; avant lui, M. Henry Mercier avait réuni à la maison de son père celle du sieur Buisson, chapelier. Mais pour que vous puissiez vous agrandir, il faut que vos voisins trouvent à se loger ailleurs ; qu'ils soient amenés à vendre par l'attrait d'emplacements convenables, commodes, peu éloignés du centre de la ville.

Ecoutez-moi jusqu'à la fin ; je trouverai remède à tout.

Anciennes Maisons.

Ce n'est pas seulement les auberges qui ont un local trop restreint ; combien d'ouvriers, de personnes exerçant des professions qui demandent des approvisionnements, n'ont pas un local convenable, sont gênés dans leur industrie et n'en retirent pas le profit qu'ils seraient en droit d'attendre.

Combien n'ont pas de cour ?

Combien n'ont pas de place pour des latrines ?

Combien de personnes faisant valoir des terres, sont obligées de faire traverser par leur bétail leur boutique ou leur allée, transportent le fumier à la brouette, n'ont qu'un emplacement insuffisant pour leurs pailles, leurs fumiers, leurs récoltes ?

Nos vieilles maisons sont insuffisantes : elles ont été construites à une époque où les besoins n'étaient pas ceux d'aujourd'hui. Il faut de la place pour en faire de nouvelles, pour agrandir celles qui existent ; il faut qu'on puisse dire comme la chanson :

> « Au bout du village n'y a pas d'maison,
> » Ceux qu'en voudront en bâtiront. »

Illiers pette dans sa peau. Voyez plutôt : dès qu'un terrain propre à bâtir est en vente, de suite il y a acheteur et la construction ne se fait pas attendre. A Saint-Hilaire, les maisons ont été terminées aussitôt que le pont.

Si je trouve des emplacements à bâtir, j'aurai satisfait à un besoin réel. Il y a une certaine quantité d'anciennes maisons à vendre ; les propriétaires ne doivent avoir aucune crainte de dépréciation. Les cultivateurs de la commune de Chassant ne redoutent pas la Saint-Lubin, parce que si la foire amène des poulains, elle amène des acheteurs. Les emplacements à bâtir, que je vais indiquer, amèneront aussi chez nous de nouveaux habitants.

Culture maraîchère.

Les sieurs Dufour et Pantou, beaux-frères, ont été les fondateurs de cette industrie. Depuis, les sieurs Billaud, Dufour fils et neveu, Tasseau, Martin, Heurdier et autres, l'ont encore agrandie et mettent en pratique les meilleurs procédés de culture. Aujourd'hui douze ou quinze familles laborieuses et intelligentes emploient un certain nombre d'ouvriers, fournissent de légumes, non seulement la ville, mais la population qui s'étend dans un rayon de plus de trois lieues, surtout vers Brou, Thiron, La Loupe. Chaque jour de marché, les jardiniers expédient dans ces différentes directions des charretées de légumes.

Cette industrie ne peut qu'augmenter. Les voies de communication seront encore améliorées, l'aisance se répandra de plus en plus dans les campagnes. Une plus grande quantité de légumes sera demandée, et ce sera à Illiers qu'on la demandera, parce que nous sommes sur la limite des terrains propres à la culture maraîchère : lorsqu'on s'avance dans le Perche, la terre est plus froide.

Il faudra donc de nouveaux jardins, et parce que les cours et jardins du château cesseront d'être cultivés ; et parce que la consommation, les demandes seront plus grandes. L'emplacement le plus convenable serait dans les terrains qui limitent la ville, depuis les Huit-Setiers de la Maladrerie, le champ de la Bonneterie, jusqu'aux granges de M. Vangeon : mais il faut donner à ces terrains un accès sur la voie publique.

Ayez patience, on trouvera ce moyen.

Humidité des bâtiments.

Depuis quelques années, sur la place du Bestial, dans les rues des Poulies, de Beauce, de Chartres, les maisons sont devenues humides, les caves se remplissent d'eau. Dans l'hiver, au printemps, il n'est pas rare de rencontrer à la porte d'une maison, un trou qu'on vide chaque jour. C'est là une cause d'insalubrité dont on devait être à l'abri dans des quartiers aussi élevés.

Il serait difficile de nier que cet état fâcheux existe seulement depuis que le nivellement de la route a amené une grande quantité d'eau dans les fossés ; depuis que l'exhaussement des barrages aux fossés de la Maladrerie et de la citadelle, ont fait cesser les infiltrations. Il y a peu d'années, M. Chapron, maire, a été obligé de faire creuser une rigole d'écoulement pour le trop plein du fossé de la Maladrerie.

Il faut trouver un remède à cette cause d'insalubrité. J'ai prouvé que les fossés étaient, en cas d'incendie, d'un secours trop peu certain ; j'indiquerai un moyen qui empêchera les riverains de perdre les avantages qu'ils ont trouvés jusqu'à ce jour pour l'arrosement de leurs jardins.

Inondations.

Le voisinage de la rivière a des avantages : il est indispensable pour certaines professions. Mais il a aussi ses inconvénients ; l'air y est plus humide, moins sain, et c'est là qu'en 1842 le choléra a sévi principalement.

Avant 1806, le quartier de Saint-Hilaire était exposé aux inondations. Souvent nous autres, alors jeunes garçons, allions voir, et c'était pour nous un grand plaisir, les eaux qui s'avançaient au loin dans la grande rue, qui dépassaient les murs de la fontaine. Le défaut d'entretien et de curage de la rivière pendant des siècles, des alluvions et attérissements avaient produit ce fâcheux état de choses. Un arrêté du préfet prescrivit le curage de la rivière, le rétablissement de son ancienne largeur. Cette opération fut exécutée aux frais des riverains, et sous la direction de M. Morin, architecte à Chartres.

Mais fit-on tout ce qui était nécessaire? Deux angles que forme le lit de la rivière entre le pont Saint-Hilaire et la Maladrerie, n'auraient-ils pas dû être convertis en courbes à grand rayon? les culées de la Grand' Planche, reconstruites à la même époque, ont-elles une direction rationnelle? Toujours est-il que les inondations ont été plus rares et moins fortes. Les maisons construites depuis ce temps, les anciennes, par l'exhaussement des pavages, avaient été mises à l'abri des plus grandes crues.

La rectification de la côte de St.-Pierre et l'élargissement du pont de St.-Hilaire, faits en 1845, ont changé cet état de choses ; le quartier de St.-Hilaire se trouve pris, non entre deux feux, mais entre deux eaux, et sa position est encore moins bonne qu'avant 1806. Pendant l'hiver 1845-1846, l'eau a dépassé la levée du gué Bellerin, a couvert les jardins de la rue de Georges, a envahi les maisons, renversant des murailles, des constructions entières, et laissé partout une humidité que les grandes chaleurs ont à peine dissipée. L'été n'a pas été meilleur : les orages ont amené des quantités d'eau que les deux gargouilles, placées en avant du pont n'ont pu absorber. La Grande-Rue et la rue de Georges se sont trouvées inondées, et l'eau a encore pénétré dans les maisons.

Même sort est réservé aux maisons de la rue Creuse.

Des pétitions ont été adressées au Préfet ; le Conseil municipal, dans sa session dernière, a émis un vote: l'administration n'a, jusqu'à présent, manifesté aucune intention de satisfaire aux réclamations. Devons-nous, dans de telles circonstances, rester impassibles?

Cette question présente des difficultés, et pour les résoudre, la connaissance des lieux est nécessaire. Si l'officier de marine consulte quelquefois le vieux pêcheur sur les écueils de la côte, l'expérience d'anciens habitants d'Illiers ne sera pas inutile à l'ingénieur qui sera chargé par le Préfet d'examiner cette affaire.

Dans le circuit que forme le Loir au sud d'Illiers, différentes causes s'opposent au libre écoulement de l'eau, et produisent les grandes crues si préjudiciables à une partie de la ville.

1° Les angles droits que forme le lit de la rivière, à La Cochardière et à la tuilerie de M. Benoist, n'ont pas été convertis en courbes à grand rayon, lors du curage de 1806.

2° Une vallée qui, de la Musse, vis-à-vis la Nicoltière, conduisait en aval d'Illiers une partie des eaux d'un des principaux affluents du Loir, a cessé d'être entretenue depuis un grand nombre d'années et se trouve presque comblée; en 1831, quand la route n° 12, d'Illiers à Nogent-le-Rotrou, a été construite, on n'a ni exigé le curage de cette vallée, ni fait à la chaussée un arceau pour y conduire les eaux. Une quantité considérable d'eau qui arrivait au-dessous d'Illiers, arrive maintenant au-dessus.

3° Depuis l'élargissement du pont de St.-Hilaire, le cailloutis qui formait l'ancien gué, et qui était constamment entretenu par les cantonniers, qui s'étendait jusque sous les arches, n'a pas été enlevé; une partie des bâtardeaux est en outre restée. Si le lit de la rivière avait, dans l'ancien gué et sous les arches la profondeur qui existe en aval et en amont, évidemment une quantité d'eau beaucoup plus grande passerait sous les arches; et les crues de la rivière seraient moins fortes au-dessus du pont.

4° Les rues des Fumiers et celle de Georges, la Grande-Rue, une partie de celles du Lion-d'Or, du Paon et des Trois-Maries, dont les eaux doivent passer dans les deux gargouilles placées en avant du pont de St.-Hilaire, ont en superficie, compris les toits et les cours, environ 7,500 mètres carrés.

Une pluie d'orage donne souvent, en une demi-heure, quinze millimètres d'eau (voir la Connaissance des temps, par le bureau des longitudes). C'est donc 112 mètres cubes d'eau, 112,000 litres, à qui doivent donner passage les deux gargouilles, dans un court espace de temps. Cela est impossible, car elles n'ont que 14 décimètres carrés d'ouverture. Aussi, voici ce qui arrive : l'eau emplit la rue, le passage est intercepté, les maisons sont inondées. Dépêche-toi, voisin ; emporte ta huche et ton lit !

Nouvelle rue de la Hoguesse.

Autrefois, tout le monde passait par la ruelle et la cour de la Hoguesse. On était tout de suite sur le Calvaire. Maintenant tout est fermé. Le mail est la seule promenade fréquentée, on doit désirer qu'elle le soit davantage : c'est un moyen de rapprochement entre les habitants, une facilité pour se connaître, se lier. Des personnes qui se rencontrent, ensuite *se saluent*, ensuite *se parlent*... deviendront entre elles des connaissances plus ou moins intimes. Quant chacun reste chez soi ou se promène à part, on devient un peu ours.

Il faut faciliter, rendre plus agréable l'accès de cette promenade. La rue dont il s'agit aurait ce résultat, surtout si à la suite de la promenade de la Citadelle, une rangée d'arbres est plantée de chaque côté du chemin qui va de là au Calvaire : Le propriétaire consentirait, je pense, volontiers à faire ou à laisser faire cette plantation.

Cette nouvelle rue serait en outre commode aux habitants du Bourgneuf et du faubourg du Calvaire; elle lierait plus intimement ces quartiers à la ville. La valeur des propriétés en serait augmentée, et on y verrait moins de ces familles qui nous sont envoyées des communes les plus pauvres du Perche.

Cette amélioration n'a pas un caractère d'urgence qui nécessite l'expropriation. Seulement, sollicitons un arrêté du Préfet qui fixe à ce lieu la jonction à la route départementale, n° 6, du chemin vicinal de Magny à Illiers, par Mesliers. Les bâtiments, lors de leur reconstruction, devront être placés dans l'alignement déterminé.

RÉSUMÉ.

Il faut que les améliorations que je vais proposer aient ce résultat :

La population rassurée pour les cas d'incendie;

La circulation rendue plus commode;

La facilité de construire de nouvelles maisons, appropriées aux goûts, aux besoins actuels;

La facilité pour les aubergistes, pour ceux qui exercent différentes professions ayant besoin d'approvisionnements; pour ceux qui cultivent des terres, d'avoir à côté de leurs maisons ou à peu de distance, des remises, des magasins, des granges;

Les maisons, dans la ville haute, affranchies des infiltrations qui amènent l'humidité et emplissent les caves d'eau; dans la ville basse, les maisons garanties des dégâts provenant des inondations;

Les propriétaires voisins des fossés trouvant un moyen d'arrosage non susceptible de manquer au moment où on a le plus besoin d'eau; les habitants ayant, pour le besoin du ménage, une eau claire, au lieu d'une eau bourbeuse;

De nouvelles rues, au moyen desquelles la population actuelle de la ville se loge mieux; des habitants nouveaux trouvent des maisons ; nos concitoyens qui auraient quelque désir de nous quitter, restent ;

Plus d'exhalaisons, en été, de l'eau vaseuse et croupissante des fossés ;

L'industrie maraichère et la petite culture pouvant se développer ;

La population ne se recrutant plus d'individus qui ne trouvent pas de moyen d'existence dans leurs communes ;

L'aisance répandue par une augmentation de production, de consommation, de circulation.

Tout cela, ou je me trompe, est d'intérêt public. Conseillers municipaux! notre élection nous impose des devoirs ; de nous dépend l'avenir de la cité ! Si nous restons stationnaires, les mains dans nos poches, contents et satisfaits de ce que nos pères ont édifié ; si, en un mot, nous sommes stationnaires, il y aura *décroissance*. Si, au contraire, nous sommes progressifs, attentifs aux besoins nouveaux, si nous ne répugnons pas à nous donner quelques peines à exprimer, à mûrir, à exécuter avec persévérance un plan sage, largement conçu...., il y aura *accroissement*.

Semons, nos enfants récolteront.

Si la proposition que je ferai au Conseil municipal, et que je formulerai ci-après, est appuyée, je prouverai que les revenus communaux suffisent, dans un temps donné, pour en faire la dépense.

Détails du projet.

Qu'on me permette un conte pour bien faire comprendre mon idée.

« Il était une fois une petite ville du royaume des Français....
» Or, il arriva que par une belle nuit d'été, un enchanteur, d'un
» coup de sa baguette, y fit des changements considérables ; et
» que les habitants, réveillés par la nouvelle qui s'en répandit,
» allèrent admirer dès le point du jour, les hommes en bonnet
» de coton, les femmes en Jacques-Moreau.

» Car voici ce qu'ils remarquèrent :
» Sur la place publique une pompe puissante, amenant par
» aspiration de la fontaine Saint-Jacques, une quantité d'eau
» d'autant plus grande qu'un grand nombre d'hommes était em-
» ployé à la faire mouvoir. Cette eau claire, limpide, propre à

» tous les usages domestiques, surtout très utile en cas d'in-
» cendie. »

» A côté des ponts de la rue de Chartres et de la rue de
» Beauce, deux puits larges d'un mètre et demi, fournissant de
» l'eau pour l'arrosage des jardins, pour les besoins du ménage,
» et aussi précaution bien certaine dans les cas d'incendie.

» Un grand bouleversement dans les promenades. Une belle
» route, large, unie, ayant deux trottoirs, avec une pente
» douce qui monte de la Maladrerie à la rue de Beauce, et qui
» descend de ce lieu au gué Bellerin.

» Une promenade, formée de deux rangées d'arbres, avait
» pour limites les fossés et de vieux murs : les deux rangées
» d'arbres ont été déplantées et se trouvent maintenant une de
» chaque côté de la route, sur le bord du trottoir.

» Le fossé a été comblé et le sol de l'ancienne promenade se
» trouve au niveau de celui des jardins.

» Du côté de la ville sont des maisons bourgeoises ; du côté
» de la campagne, des chantiers, ateliers, des maisons de cultiva-
» teurs et de maraîchers.

» C'est, en petit, le boulevard de Paris.

» Les noms de ces rues, les voici : rue Neuve de la Maladrerie,
» rue Neuve de Beauce, rue Neuve de Chartres, rue Neuve du
» Gué-Bellerin. L'enchanteur n'avait pas eu besoin d'être un
» grand génie pour les trouver.

» Ce n'est pas tout, une nouvelle rue, traversant les jardins
» du château, donne une communication qui part du centre de
» la ville et va gagner le chemin vicinal de Bullou et Mézières,
» par Tansonville, sans qu'on soit obligé de faire un grand dé-
» tour par Saint-Hilaire et la rue des Vierges.

» Il y a encore une rue qui n'est autre chose que le rélargisse-
» ment de la ruelle de la Hoguesse et qui conduit au Bourgneuf
» et au mail du Calvaire ; communication permise autrefois au
» public.

» La rivière avait été curée, nettoyée ; des crochets que formait
» son lit, et qui en arrêtaient le cours, avaient été redressés ; le
» sable et les pierres qui encombraient les arches du pont et le
» gué avaient été enlevés ; la chaussée, qui garantit le quartier
» de Saint-Hilaire depuis la grève jusqu'au gué Bellerin, avait été
» raffermie et nivelée : le quartier Saint-Hilaire se trouvait à
« l'abri des inondations.

» Un arceau avait été fait à la route de Nogent, vis-à-vis la
» Nicoltière; l'ancienne vallée des Hayes avait été rétablie, et
» une partie des eaux d'un des affluents du Loir étant détournée
» et reportée en aval d'Illiers, les inondations, dans le quartier
» de Saint-Hilaire, devenaient moins grandes.
« Et tout cela avait été fait dans une nuit. »

C'est bien malheureux que ce ne soit là qu'un conte ; la réalité serait bien belle ; mais maintenant les enchanteurs ne bâtissent plus de palais ; c'était bon dans le temps des Mille et une Nuits ; les fées ne viennent plus, à la naissance des princesses, faire leurs prédictions, les jeunes, de bonheur, les vieilles, de malheur. Le diable même paraît ne plus se mêler de nos affaires ; il n'achète plus d'ames. Il serait bien bon de se donner tant de peines ; car nous allons à lui de nous-mêmes.

On ne fait plus rien, aujourd'hui, qu'avec trois choses : argent, temps, persévérance.

L'argent, n'en avons-nous pas? la caisse municipale, ses dépenses obligatoires payées, peut, chaque année, fournir 12 ou 15 cents fr. Avec cette somme, du temps et de la persévérance, on fait bien des choses.

Du temps ! le particulier bâtit pour son usage : la vie de l'homme est courte. Le Conseil municipal bâtit pour la commune, et la commune ne meurt pas.

De la persévérance ! elle nous est imposée par nos fonctions : c'est une des conditions de notre élection.

Il me restera à déterminer ce qu'il faut d'argent, de temps et de persévérance pour arriver à l'accomplissement du projet que je présente : c'est ce que je ferai au Conseil municipal, à la première session, si le projet est appuyé par un de mes collègues. Les détails en sont trop longs pour trouver place dans cet écrit.

Intérêts privés.

Les particuliers dont les intérêts pourraient être froissés par l'exécution du projet, sont les promeneurs, les riverains des fossés, les propriétaires de vieilles maisons placées au centre de la ville, les propriétaires de maisons bâties sur la rive droite du Loir. Je vais examiner avec scrupule la position de chacun ; je serais bien fâché d'avoir une idée préjudiciable à qui que ce fût ;

et si quelqu'un d'entre eux trouvait mes raisons mauvaises, je désire qu'il soit persuadé que ce que je vais dire a pour base la bonne foi, de longues et anciennes réflexions.

1° *Promeneurs.*

Depuis que M. Gondoin et M. Fournier n'existent plus, qui se promène? Qui va du Mail au Calvaire ou du Calvaire au Mail, si ce n'est lorsqu'il est conduit là par ses besoins ou par ses affaires? Qui s'assied sur les bancs? Je suppose que, parmi nos concitoyens, quelqu'un va se lever et dire : Moi ! alors j'expose l'origine des promenades.

Promenades.

Avant la Révolution, il y avait sur le Calvaire, à l'extrémité qui joint les champs, deux rangées de vieux ormes, et dessous un jeu de paume, où les jeunes gens d'alors allaient faire admirer leur force et leur adresse.

Sur le rejet des fossés, alors brut et non aplani, un rang également de vieux ormes étendait ses branches séculaires. On ne trouvait là aucun moyen de promenade : les arbres avaient été plantés, par qui? je ne le sais, pour utiliser le terrain qui, bien auparavant, avait été employé comme moyen de défense.

Ce qui est le nouveau Mail aujourd'hui, était un ancien fossé, élargi, mal formé, parce que chacun avait été y prendre des terres, les uns pour bâtir, les autres pour faire des tuiles.

En 1793, les ormes existant sur le rejet des fossés et sur le Calvaire furent mis en vente par les officiers municipaux, en vertu d'une délibération du conseil général de la commune.

Par exploit du 6 avril 1793, M. Patas de Mesliers, qui avait, dix ans auparavant, acquis le marquisat d'Illiers, des héritiers de Madame de Watteville, s'opposa à la vente des ormes, s'en prétendant propriétaire. Les officiers municipaux passèrent outre, se fondant sur des lois récentes relatives à l'abolition de la féodalité; et la vente des ormes eut lieu sans avoir égard à l'opposition de M. Patas de Mesliers, qui, du reste, n'y donna pas suite.

Vers l'an VI de la République (1796-1797), (alors la municipalité était collective et comprenait toutes les communes du canton), M. Brault était président du canton, et M. Tasset, agent municipal de la commune d'Illiers. Ce dernier, dans les attributions duquel se trouvaient les chemins, rues et places publiques, fit niveler et planter le Calvaire du Gué-Bellerin, et le mit dans l'état où nous le voyons aujourd'hui. Au milieu était l'autel de la Patrie. On y chantait des hymnes patriotiques; on y lisait le bulletin des victoires remportées par les armées républicaines; on y jurait, il faut le dire, haine à la royauté. Et nous autres, écoliers du citoyen Denfer, nous hurlions à tue-tête :

> « Nous ne reconnaissons, en proscrivant les rois,
> » Que l'amour des vertus et l'empire des lois! »

Quelques années plus tard, la constitution de l'an 8 supprimait l'élection dans les charges municipales; et MM. Manoury et Aubry, le premier maire, et l'autre adjoint, nommés par le Préfet, remplaçaient MM. Brault et Tasset.

M. Manoury resta peu d'années maire; c'était un homme timide et ménager, qui avait évité toutes dépenses, même nécessaires, et laissé, dit-on, dans la caisse municipale, plus de 6,000 francs, somme alors considérable. M. Aubry, son successeur, nommé en 1806, se fit autoriser à employer cette somme à former un nouveau Mail et des promenades. Son motif était-il de renchérir sur la plantation si bien ordonnée de M. Tasset? Ou bien la ferveur religieuse le porta-t-elle à remplacer l'autel de la Patrie par le signe de notre religion? Toujours est-il qu'il se mit à l'œuvre avec activité.

Cette mesure n'excita pas moins alors de commotion dans Illiers, qu'aujourd'hui la proposition de combler le fossé de la citadelle. « Nos rues sont remplies d'ornières (disait-on), nos » chemins sont impraticables, nous n'avons ni mairie ni école..., » pourquoi employer une aussi grosse somme à un objet peu » utile, laissant en souffrance tant de choses de première néces- « sité? »

Et les danseurs et les ménétriers faisaient encore plus de bruit. En effet, l'emplacement du nouveau Mail était on ne peut plus malheureusement choisi; sans vue, sans air, il était placé au milieu d'un quartier pauvreteux, au bout d'une longue rue, boueuse et bordée presque en entier de murs.

La manière dont les travaux furent exécutés fit encore plus crier que le projet même : les propriétés ne furent pas respectées. Ici des murs s'écroulèrent sous la pression des terres rapportées en remblais ; là des fondations furent déchaussées et on fut obligé de les reprendre en sous-œuvre. Des arbres furent plantés très près des murs des jardins, et les propriétaires prévoyaient que l'ombre et les racines de ces arbres détruiraient les espaliers, s'opposeraient à toute récolte. Le maire d'Illiers laissa crier les malcontents : tout mode d'élection, comme je l'ai dit, se trouvait alors supprimé, et il avait fait composer *son Conseil* de gens à sa dévotion. L'un des adjoints, M. Jouzeau, ne voulut pas être solidaire de ces injustices ; il donna sa démission. Les arbres plantés à la descente au moyen de laquelle on va de la rue de la Maladrerie à la fontaine, furent la cause d'une fâcherie qui dura jusqu'à la mort de l'ancien adjoint et du maire.

Le nouveau Mail terminé, il fallut bon gré mal gré y aller danser. Le célèbre Dora ne voulut cependant céder qu'à la force, et comme Manuel, depuis, à la Chambre des députés, il se fit empoigner. Escorté par le garde-champêtre, qui lui avait dit : « Par l'ordre de M. le maire, marche devant moi, ou je casse » ton violon », il alla, suivi des danseurs, du Calvaire au nouveau Mail. Depuis ce temps, on dansa moins, les réunions furent moins nombreuses : les uns allant d'un côté, les autres d'un autre.

Le maire força bien les danseurs d'aller sur le Mail, mais il ne put forcer les promeneurs d'aller sur les promenades : elles étaient ce qu'elles sont aujourd'hui, désertes. Il y a des bancs, personne ne s'y assied. Seulement beaucoup de gens, je ne sais s'il faut attribuer ce cas aux voisins ou aux passants, vont y déposer leurs ordures, et, lorsqu'on passe, on fait bien, en approchant des murs ou des bancs, de regarder à ses pieds.

Le projet ne prend dans le nouveau Mail qu'une rangée d'arbres, celle qui est voisine des granges, jardin et tuilerie de M. Benoist. Le Mail sera encore assez grand : il ne sert qu'à sécher les lessives.

Quant aux promenades, il n'est pas question de les supprimer, mais de les rendre utiles, de joindre l'utile à l'agréable. Au milieu, la voie publique, servant de communication entre les différents quartiers, de chaque côté, une rangée d'arbres, en même nombre que ceux qui existent, mais placés dans de meilleures conditions : dans des terres rapportées et non sur le tuf. Un large trottoir, promenade agréable, séparera chaque rangée d'arbres des propriétés riveraines où bientôt s'élèveront des constructions, et qui sont destinées à devenir le quartier bourgeois de la ville.

Les promeneurs, s'il y en a, gagneront donc à l'exécution du projet.

Riverains des fossés.

De toutes les parties du projet, c'est celle-ci qui soulèvera le plus d'opposition. J'ai démontré, je le crois, que le comblement des fossés était dans l'intérêt général ; j'espère prouver qu'il est aussi un avantage pour chaque riverain, pourrai-je les convaincre tous? l'intérêt personnel est souvent aveugle ; il est quelquefois tenace, acceptant volontiers les avantages, mais répugnant à toute concession en retour, à tout équivalent. Faisons le compte des pertes et gains pour chacun, le public, juge impartial, décidera qui a raison, qui a tort.

Rue neuve de Maladrerie, 7 riverains.

M. Benoist, pour sa grange, son jardin, ses tuileries, plus une pièce de terre labourable dont partie est cultivée en légumes. C'est là la meilleure partie des fossés, l'eau en est toujours belle, n'a jamais tari. M. Benoist, éloigné du puits communal de la rue de Beauce, sera obligé de faire ou un puits ou une mare. Voici pour les inconvénients; mais les avantages balancent peut-être : la rangée d'arbres plantée si près des murs de son jardin, et qui détruit toute fertilité, sera supprimée ; à la place de cette rangée d'arbres, la nouvelle rue permettra tout accès au jardin et à la tuilerie. Derrière sa grange est un espace de terre couvert par l'ombre du bâtiment, impropre à la culture, et qui pourra servir à ramasser les matériaux et ustensiles si nombreux dans une exploitation. La tuilerie sera mieux aérée, d'un accès plus facile. Si tous ces avantages augmentent les immeubles d'une valeur de 30 francs de rente, l'obligation de creuser un puits ne sera pas onéreuse à M. Benoist.

Deux petites maisons, bénéfice incontestable.

M. Fresnaye, pour le jardin de la Noue : il croit qu'il gagnera au projet.

Mlle Robillard. Son jardin contient un minot de terre : il est affermé 30 francs; mais chaque année, les murs, les couvertures à réparer ou à refaire, écornent la rente : elle ne peut pas compter sur plus de 20 francs. Dès que son jardin trouvera issue sur une voie publique, dès qu'il deviendra plaçage à bâtir, elle en trouvera 1,000 francs, 50 francs de rente.

M. Gaubert. Il retire de son champ, comme terre labourable, un fermage élevé, ce fermage doublera quand le terrain sera propre à la culture maraichère.

M. Libert, maréchal. Il devrait trouver le projet avantageux; il est à deux pas du puits communal; il est obligé de faire passer dans sa boutique ses vaches et son fumier. Comment ferait-il s'il y avait une bonne police à Illiers, si on lui faisait boucher le conduit qui amène dans les fossés le *jus* de son fumier?

Mlle Thireau a de l'eau meilleure qu'auparavant, celle du puits, au lieu de celle du fossé; il lui sera avantageux d'avoir, pour sa cour et son jardin, ouverture sur la voie publique.

Rue neuve de Beauce, 12 riverains.

M. Libert, cordonnier, pour sa grange, MM. Deblois et Legrand pour leurs chantiers, gagnent, il n'y a pas à en douter.

Du côté de la promenade, MM. Libert, cordonnier, Michel Malbée; les représentants de Vallée, Solenne-Clément et Gadeau, gagnent; ils ont le puits communal, et l'eau du fossé était rare et d'un accès difficile.

M. Dassier a son ancien chantier, maintenant jardin maraicher. L'eau du fossé devait être insuffisante.

M. Huillery venait chercher de l'eau au puits, auprès de la maison de M. Parmentier; le puits communal sera beaucoup plus près.

M. Leter a fait creuser un puits.

M. Berge doit trouver un avantage par la plus-value que la nouvelle rue donnera à ses bâtiments et à son enclos si considérable. Le puits communal de la rue de Chartres sera d'ailleurs sous sa main.

Rue neuve de Chartres, 7 riverains.

M. Moulin. Sa maison, par sa construction, ne peut être qu'une maison de commerce et de culture : l'accès sur la voie publique est un grand avantage, il a un puits : le puits communal est d'ailleurs à peu de distance.

M. Lalhl. Sa terre labourable devient, par la nouvelle voie, emplacement à bâtir.

De l'autre côté, les représentants de la veuve Bélier, M. Georges, la veuve Paragot, M. Guillaumin, trouveront dans le puits communal tous les avantages qu'ils retirent du fossé.

M. Aubry. Sa position est exceptionnelle : il se trouve éloigné du puits communal, et il s'est arrangé pour retirer du fossé le plus d'avantage possible. D'abord, avec la permission verbale ou écrite, je ne sais, de son oncle, alors maire, il a un conduit qui, du fossé, amène l'eau dans une fosse profonde construite en maçonnerie au milieu de son jardin. Ensuite une pompe fait arriver l'eau dans une autre fosse construite également en maçonnerie dans un autre jardin. Au moyen de tout cela, il peut, quand les fossés baissent, quand il prévoit que le puisage sera bientôt interdit, se faire une réserve, et avoir de l'eau quand ses voisins n'en ont plus.

Lorsque M. Aubry se créait, à grands frais, ces avantages, il était sous l'empire de l'erreur commune. Quant à tous la puissance du maire semblait sans bornes, était-ce un neveu, un jeune homme qui devait douter ? Cependant, alors comme aujourd'hui, le maire ne pouvait aliéner les biens des communes, ni y créer des servitudes.

M. Aubry ne peut réclamer de privilége : il n'est pas plus que ses voisins; et si M. Guillaumin, M. Georges, Madame Paragot, la veuve Bettier, si les propriétaires de la Hoguesse, si M. Bailleau, M. Baugars et autres avaient voulu avoir des fosses dans leurs jardins, et des réservoirs pour d'autres jardins ou leurs maisons, même permission aurait dû leur être accordée. Alors, voyez ! lors de la baisse des fossés, à l'approche des chaleurs, chacun s'escrimant à pomper : il n'y aurait pas eu de l'eau pour tous. La construction de M. Aubry, quoique faite de bonne foi, n'a pour elle ni le droit ni l'équité.

Les inconvénients d'ailleurs que M. Aubry éprouve, ont, par le projet, des compensations. Le pavillon, autrefois vide-bouteille, depuis serre à fleurs, aujourd'hui inutile et sans produit, deviendrait une maison habitable et pouvant donner un loyer. Le jardin acquerrait de la valeur, et le bel espalier dont les arbres ont été étouffés par les sycomores de la promenade, pourrait être rétabli. M. Aubry ne serait même pas obligé de creuser un puits. L'eau qui vient de la boucherie et au-dessus, au point de la rue de Chartres, devra être conduite au Gué-Bellerin, par les ruisseaux de la nouvelle rue; et M. Aubry pourra, à la moindre averse, faire emplir ses fosses aussi facilement que M. Vangeon fait emplir sa mare.

Rue Neuve du Gué-Bellerin, 8 riverains.

Là le fossé est entièrement comblé; M. Bailleau, Madame Beaugars, Madame Coupry, Madame Gaubert, Madame Mélinet gagneront évidemment à l'établissement de la nouvelle rue. Madame Tasset devra céder quatre perches de son pré; mais elle en recevra la valeur, et, quel que soit son attachement pour cette partie de l'héritage de son oncle Gallou, on ne la plaindra pas plus qu'on n'a plaint Alexis Dassier, Delorme, Madame Jouvet, etc., dépossédés par le passage de la route.

En résumé : sur 34 riverains des fossés, 30 gagnent ou se trouvent sans perte; il y a doute seulement pour quatre.

Et l'on balancerait sur une mesure si utile à la circulation, qui donnerait tant d'agrément à la ville, qui assainirait les maisons!

Propriétaires de maisons sur la rive droite du Loir.

Les habitants du quartier Saint-Hilaire avaient demandé, par une pétition au Conseil municipal, que la chaussée qui les garantit des inondations fût relevée de 50 centimètres. Les propriétaires de maisons sises sur la rive opposée, à la Vedière et dans une partie de la rue Creuse, auraient pu concevoir quelque ombrage et craindre que l'eau ne refluât de leur côté; mais il a été prouvé plus haut que la mesure la plus utile était le désencombrement du gué et des arches, et l'enlèvement des restes du bâtardeau fait lors des travaux du pont. Ma proposition de renforcer et niveler la chaussée, suffisants pour les habitants de la rive droite, ne peut porter aucun préjudice à ceux de la rive gauche.

Propriétaires de vieilles maisons.

Il ne faut pas se faire un monstre du conte par lequel j'ai commencé. Ce que j'ai nommé avec emphase, les rues neuves de Maladrerie, de Beauce, de Chartres et du Gué-Bellerin, ne présente pas une étendue immense. Il n'y a en tout que 34 riverains; et quand même, dans un temps plus ou moins long, 34 maisons seraient construites, ce serait principalement par de nouveaux habitants d'Illiers, ou par des personnes qui, sans cette circonstance, auraient quitté la ville.

La position des propriétaires de vieilles maisons ne se trouve donc pas empirée. S'ils veulent vendre ou louer, ils trouveront acquéreurs et locataires.

Proposition au Conseil municipal.

Voter en principe l'établissement, 1° d'une pompe amenant sur la place l'eau de la fontaine de Saint-Jacques; 2° d'un puits près du pont de la rue de Beauce; 3° d'un puits près du pont de la rue de Chartres.

Réservant de porter aux prochains budgets les sommes dont il pourra être disposé pour ces constructions.

Réservant également l'examen des devis qui devront être préalablement dressés, et des moyens d'opposition.

Voter la création d'une nouvelle voie reliant les communications des différentes parties de la ville en prolongement du chemin vicinal de Saint-Avit, jusqu'à celui de Courville, et prenant l'emplacement des promenades et fossés compris aux registres cadastraux, section K., n°s 251, 252, 137, 138, 19, 20, 131, 132. Inviter le maire à ouvrir l'enquête.

Inviter le maire à s'entendre avec M. Patas d'Illiers, sur le redressement du chemin de Bullou, en passant dans les cours, jardins et prés du château.

Voter un redressement du chemin de Magny à Illiers, passant par la Hoguesse; sous la condition que cette nouvelle voie ne sera ouverte que lors de la démolition volontaire des bâtiments, par le propriétaire.

Inviter le maire de solliciter vivement auprès de M. le Préfet, les mesures nécessaires pour mettre les habitants du quartier Saint-Hilaire à l'abri des inondations.

Inviter le maire à faire exécuter le décret du 16 août 1790, relatif au curage des vallées, en ce qui touche celle qui, de la Nicoltière, doit conduire à Marigny une partie des eaux de la Musse; solliciter préalablement de M. le Préfet la construction d'un arceau traversant la chaussée; le tout ayant pour effet l'écoulement, comme par le passé, d'une partie des eaux de la Musse en aval d'Illiers, à Marigny.

www.ingramcontent.com/pod-product-compliance
Lightning Source LLC
Chambersburg PA
CBHW060618050426
42451CB00012B/2321